STOP
ZONE
Fahrradstraße
Fahrradstraße
ZONE

Zum Coverbild ein paar Fragen:

- Parkt der Lieferwagen korrekt?
- Macht die Mutter auf dem Fahrrad alles richtig?
- Sind die Autofahrer angeschnallt?
- Darf der parkende Autofahrer jetzt die Wagentür öffnen?

Ein verlagsneues Buch kostet in ganz Deutschland und Österreich jeweils dasselbe. Das liegt an der gesetzlichen Buchpreisbindung, die dafür sorgt, dass die kulturelle Vielfalt erhalten und für die Leser:innen bezahlbar bleibt. Also: Egal ob im Internet, in der Großbuchhandlung, beim lokalen Buchhändler, im Dorf oder in der Stadt – überall bekommen Sie Ihre verlagsneuen Bücher zum selben Preis.

Text: Kerstin E. Finkelstein
Illustrationen: claire Lenkova
Layout: Norman Bösch

Vermittelt durch die Agentur Aenne Glienke

Druck & Bindung: Polygraf
Printed in Slovakia
ISBN 978-3-96428-213-2

MIX
Fördert gute Waldnutzung
FSC www.fsc.org FSC® C023577

Dieses Buch ist auf Papier gedruckt, für das nur Holz aus nachhaltiger Forstwirtschaft verwendet wurde.

Druckprodukt mit finanziellem
Klimabeitrag
ClimatePartner.com/13916-1911-1001

All unsere mit finanziellem Klimabeitrag gedruckten Novitäten und Nachdrucke finden Sie auf climatepartner.com unter Angabe der ID 13916-1911-1001. Hier erhalten Sie auch Einblick in die Windenergie- und sozialen Projekte, die wir mit Ihrer Hilfe unterstützen.

Kerstin E. Finkelstein
claire Lenkova

So geht Straße!

Mit Spaß und Sicherheit im Verkehr unterwegs

Inhalt

Verlagshaus Jacoby Stuart

Die Geschichte

Früher gab es noch keine Autos. Die Menschen gingen zu Fuß zur Arbeit, zur Schule oder zum Einkaufen. Für längere Strecken, oder um Waren zu transportieren, nahm man die Kutsche. Es gab noch keine Ampeln oder Verkehrszeichen.

Für Kinder gab es auch keine Spielplätze. Sie spielten allein oder mit ihren Freunden und Geschwistern auf der Straße, wo nicht zuletzt Pferdefuhrwerke unterwegs waren.

Vor ungefähr 140 Jahren (damals war die Ur-Oma deiner Oma ungefähr so alt wie du jetzt) wurden dann kurz nacheinander die Straßenbahn, das heutige Fahrrad und das Auto erfunden. Bis dahin hatte es zwar Gehwege gegeben – aber nur damit Fußgänger nicht in Pferdemist traten!

Langsam sahen die Straßen anders aus: 1910 (damals war die Oma deiner Oma ungefähr so alt wie du jetzt) wurde das erste Verkehrszeichen in Deutschland aufgestellt, 1924 (damals war die Mutter deiner Oma ein Baby) die erste Ampel. Der Verkehr bestand aber immer noch vor allem aus Fußgängern und Kutschen. Die wenigen Fahrräder, Autos und Busse teilten sich die Fahrbahn. Parkende Autos am Wegesrand gab es fast nie. Dafür galt 1910 noch ein

Tempolimit von 15 km/h innerorts für Autos, LKW durften nicht schneller als 12 km/h sein. So schnell fährst du mit dem Fahrrad!

In den 1930er Jahren (damals war die Mutter deiner Oma ungefähr so alt wie du jetzt) gab es dann schon sehr viel mehr Autos in Deutschland. Es wurden Radwege eingeführt. Damit wollte man nicht die Radfahrer schützen, sondern es den Autofahrern ermöglichen, schnell zu fahren. Eine Zeit lang durften Autofahrer in Städten sogar so schnell fahren, wie sie wollten! Alle anderen mussten Rücksicht nehmen.

In den 1950er Jahren (als deine Oma ein Kind war) wurden unsere Städte und Straßen dann sogar für Autos umgebaut. Bäume wurden gefällt, Parkbänke abmontiert, Gehwege verschmälert, ja, ganze Häuser eingerissen, um mehr Platz für Autos zu schaffen. Früher dachte man, das wäre modern und praktisch für alle.

Inzwischen ändern sich unsere Städte wieder: Nicht nur Kinder, sondern alle Menschen wollen sicher unterwegs sein – und dafür braucht es mehr Platz für Geh- und Fahrradwege. Noch dürfen Autos aber überall gefahren werden, weshalb du gut aufpassen musst.

Wie du im Straßenverkehr sicher unterwegs bist, zeigt dir dieses Buch.

Vor 200 Jahren wurde das Laufrad erfunden – erst mal nur für Erwachsene!

Die Ohren

Wenn du gut Radfahren lernen willst, sind deine Ohren am allerwichtigsten!

Denn dein Rad macht dich selbständig. Anders als beim Mitfahren im Auto kannst du selbst entscheiden, wo du langfährst, wie schnell du fährst und wann du bremst. Das macht Spaß!

Du bist aber noch nicht so groß wie die Erwachsenen: Erwachsene können über geparkte Autos gucken und sie können sogar ein bisschen in die Zukunft schauen: Sie sehen, dass weiter vorne eine enge Stelle kommt oder jemand abbiegen möchte. Und sie haben in ihrem Gehirn Nervenbahnen, die du mit ungefähr zehn Jahren auch haben wirst; dann kann man abschätzen, wie schnell ein Auto, Lastwagen oder Fahrrad unterwegs ist. Deshalb können Erwachsene sagen, ob man noch sicher über die Fahrbahn kommt oder warten muss.

Und deshalb ist die wichtigste Regel im Straßenverkehr: Halte die Ohren auf! Wenn deine Eltern „Stopp!“ oder „Warte!“ rufen, musst du sofort reagieren. Deine Eltern haben Verantwortung für dich. Sie vertrauen dir – und lassen dich deshalb Fahrrad fahren. Aber sie wissen,

wie oft andere Verkehrsteilnehmer Fehler machen. Autofahrerinnen, die zu schnell fahren; Lastwagenfahrer, die abbiegen, ohne dich zu sehen; Beifahrer, die Autotüren öffnen, ohne sich umzuschauen.

Ist der Gehweg nicht breit genug, um nebeneinander zu fahren, kannst du deine Eltern hinter dir lassen. Dann hast du freie Fahrt, und deine Eltern sehen dich. Sie können dir zurufen, falls du langsam fahren oder anhalten sollst.

Die Verkehrsregeln

Kinderfahrräder (bis zu einer Reifengröße von 16 Zoll) gelten laut Gesetz als „Spielzeug“. Das hat viele Vorteile: Du brauchst noch kein verkehrssicheres Rad – fährst du nur am Tage, brauchst du zum Beispiel kein Licht an deinem Fahrrad. Und du kannst dein Rad in den Zug mitnehmen, ohne ein Ticket dafür zu kaufen. Sogar im ICE kannst du es einfach in die Gepäckablage legen lassen – und bist so auch im Urlaub mobil.

Kinderfahrrad

Bis zu deinem achten Geburtstag darfst du außerdem auf Gehwegen fahren. So lange können deine Eltern oder ein anderer Erwachsener dich auch auf dem Gehweg mit ihrem Rad begleiten. Erst wenn du acht Jahre alt bist, brauchst du ein verkehrssicheres Rad mit Klingel, Licht und zwei unabhängigen Bremsen.

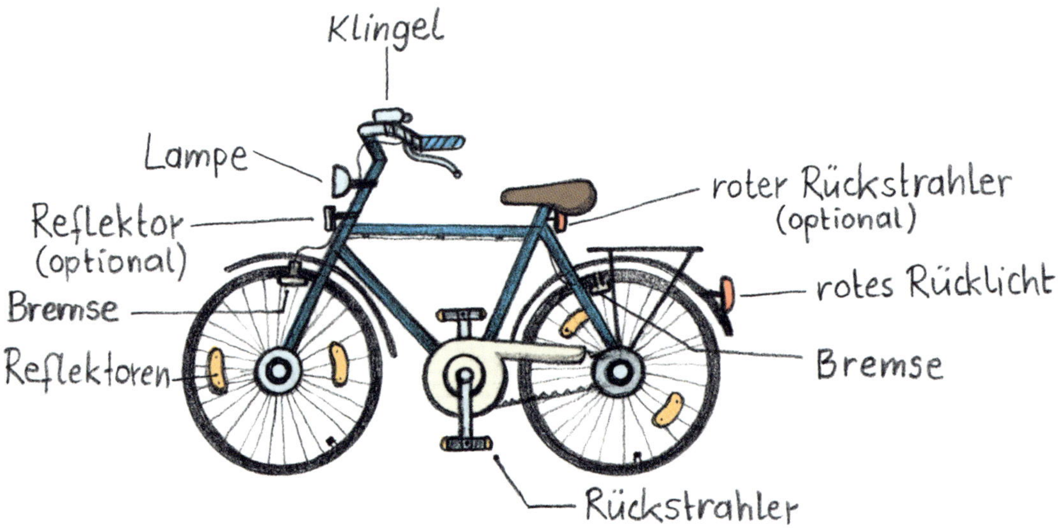

verkehrssicheres Fahrrad

Zwischen acht und zehn Jahren kannst du dich entscheiden, ob du lieber auf dem Gehweg fährst oder den Radweg beziehungsweise die Fahrbahn benutzt.

Bis dahin hast du Zeit, die Verkehrsregeln zu lernen. Viele sind erst mit dem Autoverkehr entstanden.

Generell gilt: **Geradeausverkehr vor abbiegendem Verkehr!** Willst du an einer Kreuzung geradeaus gehen (oder dein Fahrrad schieben), dann hast du Vorrang vor abbiegenden Autofahrern. Leider glauben viele Autofahrer jedoch, dass sie auf der Fahrbahn immer Vorfahrt haben, jedoch: Auto- und Motorradfahrende, die beim Abbiegen keine Rücksicht auf Fußgänger nehmen und dabei von der Polizei erwischt werden, müssen 140 Euro bezahlen!

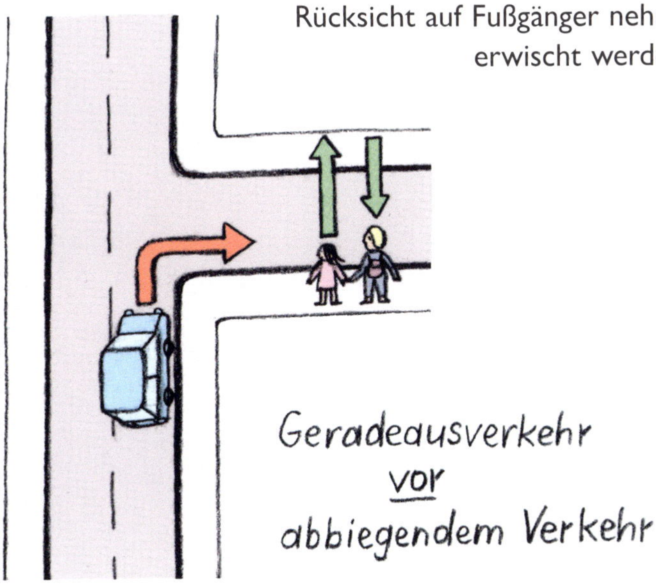

Die Verkehrsschilder

Auch Verkehrszeichen wurden erst eingeführt, als die vielen und schnell fahrenden Autos den Straßenverkehr unsicher machten. Was die meisten Schilder bedeuten, musst du nur wissen, falls du einen Auto- oder Motorradführerschein machen willst. Einige Verkehrszeichen sind aber auch für radfahrende Kinder wichtig:

Wo **dieses Schild** steht, müssen Erwachsene und Kinder ab zehn Jahren den **Radweg benutzen** – sie dürfen nicht die Fahrbahn nutzen. Ist der Radweg auf derselben Höhe wie der Fußweg, darfst du auch hier Rad fahren. Du kannst aber auch auf dem Gehweg bleiben.

Hier müssen Autofahrerinnen stoppen, wenn Fußgänger die Straße überqueren wollen. Möchtest du einen Fußgängerüberweg betreten, schaue vorher genau, ob die Autofahrer auch anhalten. Der **Fußgängerüberweg** wird wegen der Streifen von vielen Menschen auch Zebrastreifen genannt. Auch mit dem Fahrrad darfst du über einen Zebrastreifen fahren – dann hast du aber nicht Vorfahrt.

Dieses Schild zeigt eine **Fußgängerzone** an. Da Kinderfahrräder rechtlich als Spielzeug gelten, darfst du auch hier mit deinem Rad fahren. Deine Eltern allerdings müssen ihre Räder schieben.

Dieses Zeichen steht für einen **gemeinsamen Geh- und Radweg**. Hier dürfen auch Erwachsene Rad fahren, die kein Kind begleiten.

Hier darf **links Rad gefahren** werden, rechts ist Platz für Fußgängerinnen. Als Kind darfst du dich entscheiden, auf welcher Seite du Rad fahren möchtest. Bist du zu Fuß unterwegs, bleibst du rechts.

Das ist ein **Gehweg**. Hier dürfen erwachsene Menschen zu Fuß gehen oder ihre Kinder auf dem Fahrrad begleiten.

Das ist eine **Fahrradstraße**. Radfahrerinnen dürfen hier nebeneinander fahren. Hier darf höchstens 30 km/h gefahren werden. Falls Autoverkehr durch das Extra-Schild zugelassen wird, dürfen Autofahrerinnen die Radfahrenden nicht stören.

Die Verkehrsschilder

Dieses Schild steht an **Vorfahrtsstraßen**. Es gilt auch für Fußgänger: Bist du auf dem Gehweg an einer Vorfahrtsstraße unterwegs, müssen abbiegende Autofahrer dich vorlassen (wenn du dein Rad über die Fahrbahn schiebst). Leider kennen die wenigsten Autofahrer diese Regel. Deshalb achte genau darauf, dass ein abbiegendes Auto wirklich stoppt, bevor du die Fahrbahn betrittst.

Dieses Schild heißt **Vorfahrt gewähren**. Hier musst du den kreuzenden Verkehr vorbeilassen und warten, bis die Fahrbahn frei ist.

Dieses Schild steht vor einem **Verkehrsberuhigten Bereich**. Was das bedeutet, wissen sogar die wenigsten Erwachsenen: Hier dürfen Fußgänger entscheiden, ob sie auf der Fahrbahn oder auf dem Gehweg laufen wollen. Kinder können hier auch spielen – und dürfen dabei nicht von Autofahrern behindert werden. Die dürfen hier zwar auch fahren, allerdings nur mit Schrittgeschwindigkeit.

Falls du in einen verkehrsberuhigten Bereich kommst, kennst du die Regeln und deine Rechte. Aber verlasse dich besser nicht darauf – die meisten Autofahrer fahren hier zu schnell, und wenn du mit einem Ball auf der Fahrbahn spielst, wird bestimmt gehupt.

Dieses Schild steht vor einer **Spielstraße**. Hier dürfen weder Autos noch Fahrräder gefahren werden – auch Parken ist verboten. Da dein Rad noch als Spielzeug gilt, kannst du auf solchen Straßen sicher Radfahren üben – oder Fußball spielen.

Inzwischen gibt es in manchen Städten „Spielstraßen auf Zeit“. Sie sind immerhin an manchen Wochentagen oder zu bestimmten Tageszeiten für den Autoverkehr gesperrt. Spielstraßen sind sicher: Sie werden meistens durch Poller oder andere Hindernisse abgesperrt – damit kein Autofahrer auf die Idee kommt, hier trotzdem zu fahren.

Hier ist ja Einiges los! Welche
Gefahren für Radfahrer siehst du?
Schau hinten im Buch nach, wie es
hier 24 Stunden später aussieht!
Was hat sich verändert?

Grund-
schule

Die Handzeichen

Ein Fahrrad hat keine Blinker und keine Bremsleuchten. Damit Menschen, die hinter dir unterwegs sind, trotzdem sehen, was du vorhast, gibt es Handzeichen.

Einige davon kennst du vielleicht schon. Andere kommen aus dem Radrennsport.

Wenn du sie kennst, bist du ein echter Fahrradprofi!

Willst du links abbiegen, dann streckst du den linken Arm zur Seite.

Willst du rechts abbiegen, dann zeigst du das mit deinem rechten Arm.

Wichtig ist, diese Handzeichen in einem Park oder auf einem Gehweg mit wenigen Menschen zu üben – denn wenn du das erste Mal einhändig fährst, schlenkerst du vielleicht noch etwas.

Wenn du die linke Hand hebst, bedeutet das „Stopp“. Damit zeigst du den hinter dir Fahrenden, dass du anhalten möchtest. Vielleicht hast du eine interessante Baustelle am Straßenrand entdeckt oder dein Rücken juckt – egal was es ist: Wenn du den hinter dir Fahrenden kein Zeichen gibst, können sie nicht wissen, dass du anhalten möchtest, und fahren vielleicht in dein Hinterrad und fallen hin.

Auf Gehwegen liegen manchmal Glasscherben. Oft siehst du die als vorne fahrendes Kind – aber die hinten fahrenden Erwachsenen gucken nicht auf den Boden. Du machst deinen Eltern eine große Freude, wenn du durch einen Fingerzeig auf so ein Hindernis aufmerksam machst. Denn sonst haben sie bald einen Platten.

Mit zwei Fingern kannst du anzeigen, dass deine Eltern neben dich kommen sollen, wenn sie hinter dir fahren. Das ist sinnvoll, wenn gerade genug Platz ist und du etwas erzählen möchtest.

Der Helm

Alles Neue muss man üben! Wer Laufen lernt, fällt auf den Po. Wer Radfahren lernt, manchmal auch auf den Kopf. Damit es dabei keine Gehirnerschütterung gibt und du im Bett liegen musst, kannst du einen Helm aufsetzen.

Auch Erwachsene tragen manchmal einen Fahrradhelm: zum Beispiel wenn sie mit dem Mountainbike durch hügeliges Gelände fahren oder mit dem Rennrad unterwegs sind. Denn dann können auch Erwachsene leicht hinfallen und sich wehtun. Manche Erwachsene tragen auch im Straßenverkehr einen Helm, weil sie sich dann sicherer fühlen.

Eine Pflicht, einen Helm zu tragen, gibt es weder für Erwachsene noch für Kinder – egal ob sie nun zu Fuß, im Auto oder auf dem Fahrrad unterwegs sind (die Helmpflicht gilt nur für Mofa- oder Motorradfahrer).

Bloß bei sportlichen Rennen, zum Beispiel in der Formel 1 oder bei der Tour de France, sind Helme vorgeschrieben.

Im Alltag passieren die meisten gefährlichen Unfälle mit dem Auto: Auf dem Fahrrad tun sich viel weniger Kinder am Kopf doll weh als auf dem Rücksitz eines Autos – das wissen auch viele Erwachsene gar nicht.

Wenn du einen Helm trägst, achte darauf, dass er auch richtig sitzt. Ein falsch getragener Helm kann mehr weh tun als ein aufgeschürftes Knie!

Der Anhalteweg

Stell dir vor, du fährst auf einem Gehweg mit deinem Fahrrad. Gerade willst du einen Fußgänger mit Hund überholen – da entdeckt das Tier einen Baum auf der Fahrzeugseite und rennt los. Die Leine vor dir spannt sich – und du musst schnell reagieren. Wie schnell du das schaffst, liegt an deinem Training: Fährst du schon lange und gut mit deinem Fahrrad, kannst du auch schnell und sicher bremsen. Wie schnell du zum Stehen kommst, liegt aber auch an deinem Alter: Die Reaktionszeit (also die Zeit, die du brauchst, um überhaupt die Bremse zu ziehen) eines fünfjährigen Kindes ist in der Regel doppelt so lang wie die eines Erwachsenen.

Du kannst ausprobieren, wie lang dein Anhalteweg ist. Dafür kannst du einen Erwachsenen bitten, mit dir auf einen Weg mit wenig Verkehr zu gehen.

Dann macht ihr drei Tests: Zuerst gehst du, dann rennst du, dann fährst du mit dem Rad. Wenn der Erwachsene „Stopp“ ruft, hältst du so schnell wie möglich an. Der Erwachsene legt etwas zum Markieren auf die Stelle, an der er „Stopp“ gerufen hat. Und einen zweiten Gegenstand auf die Stelle, an der du angehalten hast.

Wahrscheinlich wirst du erstaunt sein, wie weit du nach dem Stopp-Ruf noch fährst!

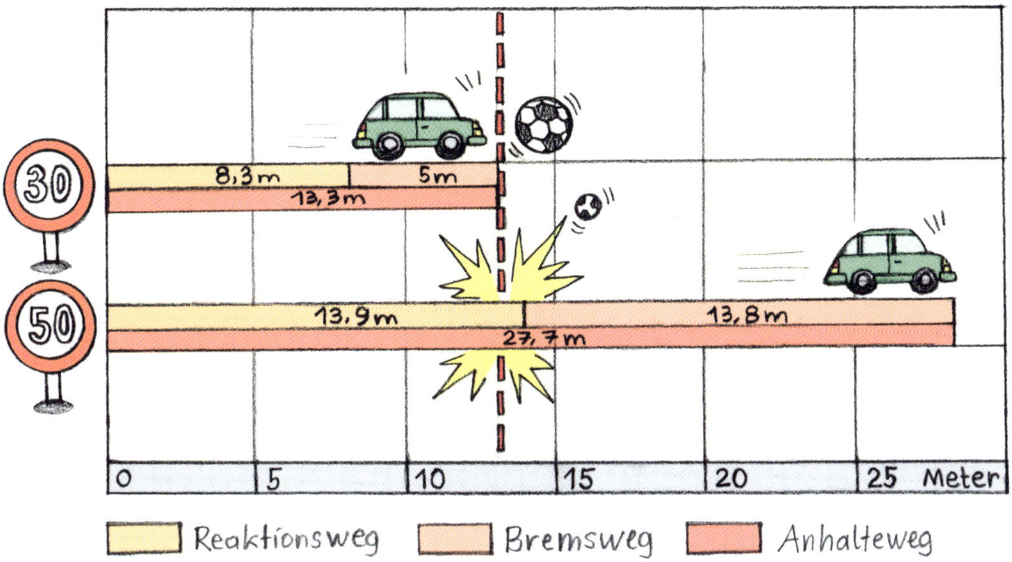

Der Anhalteweg eines Autos bei einer Vollbremsung. Wenn die Autofahrerin ganz normal bremst, werden die Wege noch länger: 18 m bei 30 km/h und 40 m bei 50 km/h!

Autofahrern geht es genauso. Je schneller sie unterwegs sind, desto weiter fahren sie, bis sie überhaupt bremsen – und dann braucht es noch viele Meter, bis sie stillstehen. Deshalb sei vorsichtig: Auch wenn eine Autofahrerin dich gesehen hat, kann sie nicht sofort anhalten.

In Städten wie Barcelona, Helsinki und Paris dürfen Autofahrer nur noch auf wenigen Straßen 50 Stundenkilometer schnell fahren. Auf den meisten Straßen sind höchstens 30 Stundenkilometer erlaubt. Dadurch passieren weniger Unfälle, der Straßenverkehr wird für alle sicherer.

Übrigens: Ist ein ICE mit 250 km/h unterwegs, braucht er 4,8 Kilometer, um anzuhalten.

Die Verkehrspolizei

Die Polizei kontrolliert den Verkehr – wer sich nicht an die Regeln hält und erwischt wird, muss eine Strafe zahlen. Weil Unfälle mit Autos am gefährlichsten sind, müssen Autofahrer auch die „teuersten" Strafen zahlen: Wer Alkohol trinkt, trotzdem Auto fährt und erwischt wird, muss bis zu 3.000 Euro bezahlen (dafür könntest du dir alle Lego-Zug-Sets mit Extraschienen kaufen und hättest noch Geld über). Wer zu schnell fährt, muss immerhin bis zu 800 Euro bezahlen – also mehr, als dein Fahrrad gekostet hat. Auch falsches Parken kostet Geld: Wird ein Auto auf dem Geh- oder Radweg abgestellt, kostet das mindestens 55 Euro. Dafür könntest du 30 Packungen Flutschfinger-Eis kaufen.

Kinder müssen nie Strafen bezahlen – sie gelten im Straßenverkehr bis zum zehnten Geburtstag als „deliktunfähig". Hast du etwas falsch gemacht und wirst von einer Polizistin angehalten, wird sie dir nur erklären, was du beim nächsten Mal besser machen solltest.

Fahrradpolizei

In vielen Städten sind Polizisten inzwischen auf Fahrrädern unterwegs. So sehen sie besser, was Fahrradfahrer behindert: Fahrradpolizistinnen sorgen zum Beispiel dafür, dass keine Autos auf Rad- oder Fußwegen abgestellt werden. Manchmal stehen sie auch an Ampeln und kontrollieren, ob sich Autofahrer beim Abbiegen nach Radfahrerinnen umschauen. Sie überprüfen, ob die Rückspiegel an LKW richtig eingestellt sind, sodass kein „toter Winkel" entstehen kann, in dem du als Radfahrer unsichtbar wärest. Fahrradpolizisten jagen manchmal auch Diebe: Weil Fahrräder im Stadtverkehr schneller und wendiger sind, können Fahrradpolizisten leichter jemanden verhaften.

Motorrad- und Autopolizei

Auch Polizisten in Autos kontrollieren, ob sich im Verkehr alle an die Regeln halten. Sie wechseln zum Beispiel die Filme an Ampel-Kameras aus: Diese „Blitzer" machen Fotos von Autos, die bei Rot über die Straße gefahren sind. Der Fahrer des Autos muss dann zwischen 90 und 200 Euro bezahlen. Polizistinnen führen auch Radarkontrollen durch – das heißt, sie überprüfen, wie schnell Autofahrer unterwegs sind. Fährt jemand zu schnell, muss er eine Geldstrafe bezahlen.

Ein Draht ist unsichtbar im Boden verlegt. Die Ampel schaltet auf Rot – der Ampelblitzer wird aktiviert.

Der Autofahrer ist bei Rot über die Ampel gefahren. Die Kamera hat ein Foto von ihm und dem Nummernschild gemacht. Das wird teuer. Hoffentlich hält der Autofahrer das nächste Mal an!

Die Zukunft

Radfahren und Zufußgehen machen Spaß – aber nicht überall. Manchmal ist es zu eng oder zu laut. Du siehst wenig, weil überall Autos parken – und um einfach über die Straße zu kommen, musst du weit bis zur nächsten Ampel laufen.

Das ändert sich gerade langsam: Es gibt viele Erwachsene, die sich für sicherere Straßen für alle einsetzen. Und auch Kinder können etwas machen:

Kidical Mass

Du kennst die Verkehrsregeln und bist sicher unterwegs. Manchmal gibt es nur so wenig Platz! Um das zu ändern, gibt es die Kidical Mass. Das sind Fahrraddemos, bei denen radfahrende Kinder, Jugendliche und Erwachsene die Fahrbahn ganz für sich haben. Das macht Spaß und hat ein Ziel: Straßen sollen sich so ändern, dass sich alle Kinder sicher und selbständig zu Fuß und mit dem Fahrrad bewegen können. Es gibt die Kidical Mass schon in 140 Orten in Deutschland. Vielleicht willst du mal mitfahren – oder mit deinen Eltern eine Kidical Mass gründen.

Sternfahrt

In vielen Orten gibt es Vereine, die sich für sicheres Radfahren einsetzen. Beim Fahrradclub ADFC kannst du zum Beispiel zu einem Werkstattkurs gehen und lernen, wie du dein Fahrrad selbst reparieren kannst.

Oder du machst bei einer Sternfahrt mit: Dabei fahren Menschen mit dem Rad auf verschiedenen Straßen zu einem Ziel – zum Beispiel einem Straßenfest. Die Polizei hält die Straßen in dieser Zeit frei vom Autoverkehr. Meistens wird langsam gefahren – und es gibt auch Routen extra für Kinder! So kannst du erleben, wie sich Straßenverkehr ohne Autos anfühlt.

Schule und Kindergarten

Mit deiner Kita oder Schule kannst du auch etwas unternehmen: Vielleicht findest du ein paar Kinder, die in deiner Straße wohnen und denselben Weg haben? Dann könnt ihr einen Laufbus bilden – also zusammen und dadurch geschützt zur Schule laufen.

Oder ihr macht in der Schule zusammen mit euren Lehrerinnen einen Stadtplan, in den ihr alle gefährlichen Stellen eintragt. Damit geht ihr dann zur Polizei und fragt, wie euer Schulweg sicherer werden kann.

Ihr habt Lust auf einen Wettbewerb? Dann könnt ihr einen Monat lang zählen, wer wie oft mit dem Rad oder zu Fuß zur Schule kommt. Für jeden Weg gibt es einen Punkt. Die Klasse mit den meisten Punkten gewinnt!

Kerstin E. Finkelstein ist promovierte Politikwissenschaftlerin, Journalistin und Autorin diverser Sachbücher. Sechs Jahre lang war sie Chefredakteurin der Zeitschrift *Radzeit*, ist Kolumnistin bei der taz und vielfach gefragte Medien-Interviewpartnerin. 2017 erschien ihr Buch *Fahr Rad!* und 2020 das Buch *Straßenkampf*. Wie es ist, als Mutter mit Kind und Rad in Berlin unterwegs zu sein, weiß sie aus Erfahrung.

claire Lenkova ist (Comic-)Zeichnerin, Autorin und Künstlerin. Sie lebt nach Stationen in Bayern und Hamburg in Leipzig, wo sie für große und kleine Verlage und ebensolche Menschen arbeitet. Ihre Arbeiten wurden mehrfach ausgezeichnet.

P
Marktcafé